아침달 시집

다른 명찰을 보여주는 관계자

강이현

시인의 말

바깥이 없어도 숨을 쉴 수 있을 것 같다.
바깥을 들이마시지 않아도 충분한 여백이
몸 안에 들어와 있음을 느낀다.

2025년 8월
강이현

차례

1부

꽃 먹는 사람	13
뛰는 날	14
나의 무용수	16
그는 휴일에서 돌아왔다	17
관계자	18
깨끗이	19
얼굴	21
아침	23
골목	25
꿈과 먼지	26
선물처럼 깨끗한	28
크로바마트	30
너의	32
쥐	33
정오	34
해의 모양	36
여름	37

구름	39
창가	40
들꽃의 일	41

2부

녹는 사람	45
산책보다 긴	47
겨울	49
불	50
결심	51
멜로디	52
음감회	53
어떤 상태	55
밤이 되기까지	56
폴란드	58
휴가	60
5번 출구	62

초인종	64
당신의 스웨터	66
감자를 들고	68
먹으면 아픈 토스트	70
귤	72
식사 사진사	73
조용한 방법	74
옷의 세계	76

3부

잠옷의 사람	81
흰 창	82
분갈이	83
전등 불빛	84
책	85
출입	86
모자	87

칠면조 가방	88
내게 없는	90
밤	92
버려진 것들이 모여서	94
곱슬머리를 구하기 위해	96
팔을 들고	98
눈동자	100
흑백	101
여기서부터	103
창밖의 그림	105
거울	106
망치	107
들판	109

발문

낯선 절단면들 사이에서, 우리
  – 황사랑   113

1부

꽃 먹는 사람

꽃 문제를 겪고 있다. 벌써 절반이나 먹어 치운 꽃이 내가 일하는 이곳에 얌전히 피어 있다. 조금 전까지도 네 송이의 꽃이 나를 쳐다보는 것을 보고 있었다. 하마터면 그냥 무시할 뻔했다. 이름을 지어야 하는데. 입에서 다시 꽃들을 꺼내서 내용을 파악하기 시작했다. 초대형 잡초가 자라난다. 바삭한 음식물이 훨씬 더 혼란스럽다. 제대로 요리하는 법을 안다면 좋을 텐데. 한 번에 너무 집어 먹기만 했다. 멈추기 위해 스스로 때리는 일은 하지 않았다. 평소에도 이런 식으로 꽃을 삼키곤 하기 때문에 오늘도 꽃을 먹는구나 표정 변화 없이 생각하기만 했다. 꽃들이 침을 뱉더니 다시 침을 뱉으려고 준비하고 있다. 나는 어떻게 해서든지 비명을 지르는 일을 참고 있다. 남아 있는 꽃들이 나를 쏘고 있다. 하루 네 송이는 괜찮다며 씹어 먹는다.

뛰는 날

쉬운 체조가 있다고 해서 체조하러 왔습니다.
시작부터 걷고 가볍게 뛰는데
조금 어려운 것 같아요

벌써부터 눕고 싶은 마음이 듭니다.
체조를 하면 쉽게 지치지 않게 될 거라는 말을 믿고 싶지만
저는 푹신한 운동화가 없는 걸요

우선은 천천히 달립시다. 그런데
그렇게 걸을 때처럼 뛰면 안 됩니다.
아무 데서나 걸어 다니는 것 같은데
여기는 그런 곳이 아닙니다.
하루 종일 빠르게 걷고 싶으면 마음대로 하세요

체조 선생님은 무섭게 말한다.
저는 그냥 가만히 있고 싶은데요
가볍게 달리기만 해도 배가 납작해질 겁니다.
사람들이 말랐다고 하는데 사실은 배가 나와 있잖아요

그렇지만 이마저도 없으면 너무 없어 보이지 않을까요
나는 몹시 부끄러웠다.

도움이 될 겁니다. 물론
평범한 달리기처럼 보이지는 않을 겁니다.
본격적으로 가벼워진다고 생각하세요
방향 전환이 많은 동네다 마음먹고 잽싸게 달려가세요

그렇게 말하는 선생님 입에서는 매콤한 냄새가 났다.
나는 교묘하게 안 넘어지면서 계속 뛰어나갔다.

나의 무용수

　나의 무용수가 걸어온다. 무용수에게로 나는 걸어가지 않는다. 이렇게. 이렇게 말고 이렇게. 더더욱 이렇게. 무용수의 발바닥에서는 피가 난다. 무용수는 모른다. 그는 무용수가 아닐지도 모른다. 복도에 서서 나는 그의 걸음을 세고 있다. 그의 어둠을 세고 있다. 내가 그의 반을 가리고 서 있을 때 그는 나의 반을 가리며 지나간다. 나를 통과하여 복도의 끝으로 들어간다. 끝에서 다시 시작한다. 소리 없이 무용수가 나에게로 돌아온다. 그는 걸음을 세지 않는다. 걸음을 지우면서 걷는다. 어둠이 나를 쳐다볼 때 무용수는 그 커튼을 열고 조명이 있는 나에게로 걸어온다. 나는 조명을 들고 있다. 조명을 비추고 있다. 나는 복도에서 가장 어두운 역할을 맡는다. 두 발이 포개질 때마다 새하얀 발등 위의 피를 느낀다.

그는 휴일에서 돌아왔다

아침 통근 중에 캔을 쥔 그는 잘못된 장소에서 웡웡거리는 소리를 찾는다. 그는 자신이 틀린 장소에 있다는 것에 놀라 전화를 걸고 양복을 입은 채로 사무실에 간다. 그는 휴일에서 돌아왔다. 그가 사용하는 공간은 비어 있는 사무실 전체다. 솔직히 말해 그가 여기에서 놀지 않을 것이라는 보장은 없다. 스스로 할 일이 많다고 느끼는 게 바로 그가 느끼는 방식이다. 그에게는 아무것도 없다. 그를 대신할 사람은 아무도 없다. 그와 함께할 사람은 그를 참을 수 없다. 자신의 실수를 만회할 수 있을 때까지 그는 남겨진다. 그는 활약한다. 더 큰 재난과 난처함을 피하기 위해 꼬불꼬불 온몸이 구부러진다. 훨씬 더 견고하고 노는 것이 더 즐겁다. 그는 일단 자신에게 속한 많은 것들을 습격하지만 그다음에는 관심을 잃고 작은 식물로 변한다. 누군가는 말한다. 그가 있어야 할 이유는 없어요. 하지만 그가 있으면 모든 것이 달라져요.

관계자

여기가 어디인지 잊고 있었다. 사실 며칠 전부터 굉장히 피곤했는데 이유는 알 수 없었다. 너무 끔찍했다. 대회가 열린다고 해서 며칠 전부터 대회에 와 있었다. 도대체 무슨 대회일까 생각에 잠겨 일찍 온 것은 내 실수였다. 어디든 우선 도착하는 것이 내 상태였다. 이곳저곳으로 열심히 출입하는 일이 내가 할 수 있는 일의 전부였다. 문을 관리하는 일은 그다지 어려운 일도 아니었지만 대회는 이번이 처음이었으니까 나는 명찰을 보여주며 부지런히 빈 무대를 돌아다녔다. 명찰이 있으면 어디에 서 있어도 구박받지 않을 거라 생각했다. 나를 해명하지 않아도 괜찮았다. 대회의 관계자들이 멀리서부터 고개를 저으며 나에게 다가왔다. 그 명찰이 아니라고 다른 사람의 꿈을 꾸고 있는 거라고 걱정하는 말들이 나를 불안하게 했다. 그러고 보니 당장이라도 대회가 취소될 것처럼 무대의 모습은 아무런 장치도 없이 아주 평범했다. 나에게는 무대를 만드는 기술이 없었다. 더 많은 꿈이 이곳을 위해 필요했다.

깨끗이

하얀 껌을 불어 먹다가 운동장으로 들어갔지
입안에서 껌을 빼는 일은 시간 낭비였고
나는 진지했다

부풀어 오르는 껌으로 인해 입을 벌리거나 다물게 되는 일과는 완전히 상관없이
   손가락에 껌을 감아 행운을 비는 일 따위는 하지 않았다

껌을 버리는 사람을 보았는데 정말 이상해 보였다
어떤 땅은 이미 떼어낼 수 없는 껌이었고
껌을 밟으며 즐거운 사람들이 조금 무서웠다

경적 소리가 따라다닌다
하얀 껌을 물고 있는 내 뒤로

운동장이 어디에서 끝나는지 모르는 채
나는 필사적으로 뛰어다닌다
어떤 껌이 달라붙었는지 모르는 채

텅 빈 곳의 중심으로 들어가는 꿈이었다
깨어나 보니 입안이 청결했다

얼굴

망고가 저렴하다 세 개가 한 개 가격인
망고를 들고 무슨 표정을 지어야 할지
모르겠다 결국 망고를 샀는데 어떻게 하지
나는 입이 하나인데

보이는 곳이 이미 썩어 있다
이제는 두 개가 한 개 가격이 된 망고를 들고
하나의 입으로 웃고 있다
다른 입이 있다면 울어야겠다
어느새 여럿이 된 입에서 표정이 나오려고 해서

두 개가 모여 얼굴 크기만 한 망고를 들고
얼굴을 묻고 있다 망고 하나에는 표정이 하나
들어 있다 망고를 썰어야겠다
가지런한 씨를 중간에 두고 과육을 발라낸다
숨어 있던 곳이 조금 썩어 있다
표정의 일부를 덜어내면 바라보기가 쉬워진다

도마 위에는 잘린 망고와 흩어진 망고
옆에는 훌륭한 망고가 여전히 남아 있다
오늘의 표정이 거기에 다 들어 있다
만지지 않고 포장을 내버려둔다
혼자 남은 망고의 집이 허전하다
허전한 풍경을 보는 것이 나쁘지 않다

조각을 주워서 입으로 가져간다
후숙이 된 망고는 달고 물렁하다
망고 속으로 생각이 잠겨 들어간다

하루에는 망고 한 개가 적당하다
표정을 버리느라 하루를 다 써버렸지만
내일은 망고를 덩어리째 먹을 수 있다

아침

나를 부르는 소리에 깨어났다
무언가를 두드리는 소리
그 속에는 내가 있다가도 없고

아침의 한복판에 나를 일으켜 세워야지
나의 절반은 일어나 있지만
절반은 아직도 밤을 지나오고 있다

물 한 잔을 따르고 돌아온
침대에는 내가 아무렇게나 접혀 있다
끈질기게 버텨내는 무언가를 상대하느라
단순히 일어서는 일을 계속해야 한다

커튼 사이로 해가 들어오고
나를 향하지 않는 것에 나는 닿고 있다

돌연한 아침에 대해 나는 설명해야 한다
그러나 생각은 나아가다가도 되돌아오고

침묵을 놓아두기에도 비좁은 복도가 눈앞에 선명하다

나는 인물이 되지도 배경이 되지도 못하고
내가 되려는 것을 모르고 아침을 맞이한다
꿈만큼이나 불가해한 것이다

실내도 실외도 아닌 것이
나를 흔들고 있다

골목

 내가 뭔가를 엎지른 것 같았다. 모르는 개들이 몰려왔다. 누구의 개들인지 중요하지 않았다. 이렇게 모여들기만 하면 어떻게 해야 할지 모르겠어. 나를 쫓아오는 개들이 나를 물고 싶어 하는지도 나는 알 수 없었다. 입을 벌릴 때마다 이빨이 사나워지고 있었다. 개들이 이빨에 관해 묻고 있었다. 몇 개가 빠져 있는지 몇 개가 제자리에 있는지 나는 제때 대답을 할 수가 없었는데 새로운 골목으로 정신없이 뛰어들고 있었다. 개들은 숨어 있는 나를 자꾸만 찾아냈다. 한 골목에 나를 버려둬야 할까. 이곳에는 골목이 아닌 곳이 없었는데 개들은 끝도 없이 나타날 것 같았다. 나는 골목을 이끄는 일이 서툴기만 했다. 나는 휩쓸렸다. 새하얀 길목에 부딪힐 때까지 어두운 골목길이 이어졌다. 나의 얼굴을 다 빼앗기고 나서야 긴 잠에서 깨어날 수 있었다.

꿈과 먼지

　나는 먼지를 입고 있다. 먼지를 벗어 던지는 습관이 나에게는 없다. 꿈속에서는 먼지가 날리지 않아 좋았었는데 지상에서는 먼지가 나보다 먼저 존재한다. 내가 있어야 할 곳에. 몸이 나아가는 곳에. 꿈처럼 그것은 이유를 모른 채 얽혀 있다. 환기를 위해 열어둔 창문이 무색하게 낯선 나의 먼지가 방 안에 쌓여 있다.

　지난밤에 나는 한 덩어리의 빵을 떠올렸다. 누군가와 나눠 먹을 수 있도록. 누군가를 생각할 수 있도록. 꿈을 꾸는 동안에는 빵이 먼지를 덮고 있다. 커다란 먼지가 되기 전에. 사방으로 흩어지기 전에. 빵에서는 거짓말 같은 냄새가 났다. 먼지가 없는 냄새가 났다. 먼지와 먼지가 달라붙기 전에 더 많은 빵을 상상해야 했다.

　빵을 안고 자리에 든다.
　빵을 들고 잠에서 깨어난다.

　몸이 오가는 와중에도 꿈과 먼지의 세계는 혼동되지 않고 다만 나는 다른 사물이 된 것 같다.

보이지 않는 것을 보려고 하는 사람처럼
나의 맨살을 쳐다보고 있다.

선물처럼 깨끗한

어느 날 사람들의 손이 선물처럼 깨끗하다
사람들은 전부 손의 주인이라는 말이 믿기지 않고 생경했다

서로의 손을 바라보지 않은 지가 오래되었다
손을 흔들며 웃는 사람을 보았는데
우는 사람인지 분명하지 않았다

손만 보아서는 누가 누구인지를 알아볼 수 없는데
내가 알 수 있을 거라는 터무니없는 기대를 품었다

종종 손을 잡아보지 못한 것을 후회한다
한 번의 기회도 없이 생각만 할 뿐이었다

글자들이 손의 동의도 없이 걸음을 시작할 때
나의 의미는 손의 움직임으로 이해된다
무엇인가를 쥐고 있는 손을 보고 있으면
나도 모르게 마음이 약해지곤 한다

중요한 것을 내가 잃어버렸다는 불안이 엄습한다
어떤 손은 드넓은 풍경 같기만 해서
그것을 보면 고개를 끄덕일 뿐
그 속의 깊이를 온전히 파악할 수 없다

나의 손인 것처럼 받아 든 손으로
오래된 주소록을 뒤적인다
기억 속에서 기억은 자신을 돌아본다

어느 날 사람들의 손이 선물처럼 깨끗하다
주인이 많은 손들이 한 사람을 위해 헌신한다

크로바마트

 아이스크림을 보고 있다 녹아내리는 것을 보고 있다 나는 혼자가 된 기분이다 그러나 홀연히 사라지는 것은 없다 사라진 것은 사라진 모습으로 남아 있다 오늘은 아이스크림이었던 것이 나를 보고 있다

 가로수에 맺힌 빗방울은 비가 쓸고 간 시간을 기억한다 기억은 현실이 되어 떨어진다 우산을 펼치지 않은 몸들 위로 기억이 편성된다 기억은 돌아온다 어떤 기억은 돌아오지 않는다 돌아오는 것을 막을 수는 없다

 산책하는 사람 뒤로 산책이 따라온다 산책은 떠돌이 개의 이름이고 산책을 좋아한다 이름을 부르지 않아도 찾아온다 그래서 산책이고 어디로든 움직이는 풍경 같다 우리의 주인 같다 보이지 않는 목줄이 우리 사이에 놓여 있다 우리의 길이는 자유롭다

 크로바마트를 지나면 오르막길이 시작된다 크로바마트는 읽기 좋다 클로버마트는 어색하다 크로바마트를 지나야

만 집으로 가는 길이 나오지만 늘 가게는 닫혀 있고 편의점에 들어가면 크로바마트는 잊혀진다 내일이면 크로바마트를 다시 떠올린다

너의

라인강이 흐른다. 일하는 너의 옆으로. 그것은 흐르지만 흐르는 것이 보이지는 않는다. 너는 일에 몰두하느라 그것이 흐르거나 흐르지 않는 것을 놓친다. 라인강을 처음 얘기한 건 너였다. 그것은 독일에서 네덜란드에서 스위스에서 프랑스에서 오스트리아에서 리히텐슈타인으로 흐르고 너의 사무실 주변을 지나간다. 너는 라인강을 나에게 보여준다. 다인용 식탁과 같이 넓은 작업대 뒤로 푸른색 강물이 천천히 흐르고 있다. 흐르고 있다고 적는다. 사진 속에서도 나의 머릿속에서도 그것은 흐르지 않는 모습으로 기억된다. 너는 움직이는 라인강을 따라 걷는다. 자전거를 타고 바람에 실려 오는 풀 냄새를 맡는다. 일하는 동안에는 라인강을 잊는다. 건축을 하느라 눈앞에 없는 것을 매일 두드리고 고친다. 너의 옆에만 오면 그것은 흔한 도로처럼 멈춘다. 나는 라인강이 흐르지 않는 너의 이야기를 듣는다.

쥐

 쥐가 있다. 여기 그림자 속에. 저기 그림자 밖에. 쥐가 없다는 생각 안으로 쥐가 들어온다. 쥐를 쫓아낼 수 없다.

 쥐는 움직일 것처럼 움직이지 않는다. 쥐에게는 자연스러운 일이 나에게는 자연스럽지 못하다. 쥐는 움직여야 하고 쥐는 사라져야 한다. 보이는 곳에서 보이지 않는 곳으로 가능한 한 재빨리 이동해야 한다.

 죽은 쥐는 움직이지 않는다. 아픈 쥐는 움직이지 않는다. 나는 잔뜩 웅크리고 있는 쥐를 본다. 몸을 수상하게 떨고 있다. 어떤 움직임을 준비하는지도 모른다. 이번에야말로 나의 생각이 닿지 않는 곳으로 떠나려는 것이다.

 쥐의 움직임이 멈췄다. 나의 움직임이 멈췄다. 가만히 옆으로 돌아누운 쥐를 건드릴 수 없다. 쥐는 잠에 든 것처럼 보인다. 주위가 온통 고요해진다. 투명한 어둠이 내려앉는다. 나의 머릿속은 한동안 무덤이 된다.

정오

방 안에 햇빛이 조금만 떠다니게 하자

그 빛이 바닥의 물건들을 하나씩 쓰러트리는 동안

물건들은 날갯짓 장난을 하며 정오의 이변을 이해한다

물고기를 닮은 유리병들이 빈 내장을 쏟아낸다

엎질러진 것들이 눈부시게 투명하다

저기에 놓인 의심스러운 열쇠들

근무 시간을 알 수가 없다

형태에서 떨어져 나오는 시간에

열쇠들은 무슨 일을 할까

흰 종이는 어디에 누워 있어도 잘 어울린다

조용히 저항한다

죽은 친구의 모자는 해가 갈수록 무거워지고

나는 모를 것이다

햇빛 아래에 있으면

천사가 눈앞을 가로막는다는 것을

해의 모양

해 모양 매트가 집으로 배달된다. 해의 모양은 평범하다는 말과 해는 하나가 아니라는 설명이 동봉되어 있다.

퍼즐 조각으로 나누어진 매트가 문자와 도형으로 다시 나누어져 있다. 겹치지 않고 전체를 늘어놓기에는 현실의 공간이 언제나 부족하다.

쌓여 있는 조각의 배치에 따라 해의 모양은 매일 달라진다. 집의 형태가 세세한 점에서 달라지고 방 안에 난 좁은 길을 따라 조각들은 이동한다.

매트가 있는 곳에서는 먼지가 쉬지 않고 날아다닌다. 그러나 먼지는 그늘에 더 많이 숨어 있으므로 매트를 뜯지 않아도 좋다. 닦지 않아도 좋다.

때가 되면 어둠이 모든 것을 덮고 방은 조용했던 모습으로 돌아간다. 그 위로 매트가 다시 펼쳐지는 미래의 시간을 몸이 앞서서 기억하고 있다.

여름

 유난히 더운 날 얇은 옷을 꺼내 입었는데 충분히 얇지 않았다. 가벼운 기분이 들지 않았다. 가벼움을 이기는 무거움이 육체를 햇빛 아래에 세워둔다. 땀이 흐르지는 않았다. 아직은 땀이 흐르지 않는 여름이다. 흐르지 않던 것이 흐르기 시작하면 여름의 횡포를 멈출 수 없다.

 주름진 티셔츠가 하나둘 나타난다. 앞사람과 그 앞사람의 옷이 모두 구겨져 있다. 친구의 등이 그렇게 구겨져 있던 모습이 떠오른다. 어떻게 해도 주름이 생긴다고 했다. 자신은 보이지 않는다고 했다. 누군가 말해주기 전까지 알 수 없는 것이 있다. 말해줘도 알 수 없는 것이 있다.

 집 앞 화단에 앉아 돌아온 계절을 실감한다. 해가 갈수록 기억이 짧아진다. 매일이 같지 않은 기억이다. 기록을 하지 않는 까닭이다. 기록은 부지런한 자의 것인지 게으른 자의 것인지 모르겠다. 나는 어느 쪽에도 들어맞지 않고 단지 기억과 어색한 사이를 유지한다. 제삼의 인물이 필요하다.

달아나는 풍경을 쫓아가며 나는 풍경의 일부가 되고 있다. 풍경의 연속에서 빠져나올 수 없다. 나에게는 보이지 않지만 나를 보고 있는 사람을 생각한다. 내가 누군가를 보고 있듯이 알지 못하듯이 나를 풍경 속에서 빼내는 것은 생면부지의 사람이다. 여름 끝까지 데려가볼 문제다.

구름

예쁜 구름을 덮고 있어도 만족스럽지 않았다. 온몸이 축축해서 참을 수가 없었다. 바깥의 날씨가 궁금했다. 맑은 하늘을 거닐던 날들이 기억나지 않았다. 여기서 놓여날 수 있는 곳이라면 어디로든 흘러가고 싶어졌다. 한 번은 제대로 된 빗줄기를 떨어뜨리고 싶어, 그렇게 중얼거리는 나는 이제 내 모습이 한 방울 눈물처럼 보인다고 해도 상관없겠다고 생각했다. 마침내 한 무리의 낯선 구름들이 나에게도 들이닥칠 것이었다. 비가 되면 넓고 뜨거운 지상으로 내려갈 수 있다. 미루었던 잠이 한꺼번에 쏟아진다.

창가

 그가 작게 혼잣말을 하며 내가 있는 창가를 향해 걸어왔다. 우리는 아는 사이였다. 그는 물에서 여전히 짠맛이 나는지 내게 조심스럽게 물었다. 나는 그렇지 않다고 짧게 대답했다. 그런 날이었다. 대화를 자연스럽게 이어나가기 힘들었다. 그는 나의 삶이 나아졌다고 말하고는 어색하게 웃었다. 테이블 위로 햇빛이 쏟아지고 있었다. 등 뒤로 커튼이 미처 가리지 못한 유리창의 기다란 틈이 드러났다. 그는 주위를 의식하지 않고 움직였다. 무엇인가 둘둘 말린 것을 손에 쥐고 다가와 나를 지나쳐 허공에 팔을 휘둘렀다. 투명한 벽을 따라 벌이 미끄러지며 바닥으로 떨어졌다. 그는 놓치고 싶지 않다는 듯이 있는 힘껏 그것을 발로 짓눌렀다. 나는 정신이 완전히 맑아졌다.

들꽃의 일

　나는 들꽃이다 들꽃의 일은 흙을 섬기는 일 이름 모를 바닥이 나는 편안하다 들꽃의 영혼은 하나가 아니어서 나는 들꽃을 자처한다 새로운 흙을 머리에 덮어쓰고 끝나지 않는 샤워를 계속한다 오늘도 내일도 아닌 어느 저녁 확신이 사라지는 시간 내가 들꽃이 아니라면 들꽃은 무엇인지 지나가는 들꽃에게 물어볼 문제인데 지나가지 않는다면 내가 지나가면 될 것인데 들꽃을 닮은 것을 찾아 화분 가까이에 가본 적이 있다 화분 밖에서는 안이 잘 보였다 들꽃은 보이지 않고 흙이 잘 보였다 어디서 본 흙이 아니었고 모르는 흙이었다 들꽃이 살아갈 수 없고 죽어갈 수 없다고 생각했고 화분이 나를 추격해서 평원을 향해 달아나야 했고 들꽃이 나를 놓아줄 때 나도 들꽃을 놓아주려 한다 나는 들꽃의 입 주어진 시간을 다 써버리면 들꽃이 쓴 유언장을 들고 나의 다음을 준비하려 한다 마지막 노래가 들려오면 나는 조용해질 것이다 얌전히 노래에 기대어 있을 것이다

2부

녹는 사람

   너는 녹으면서 걸어온다(내가 너를 볼 수 있을까) 머리 위에 작은 해가 떠 있다(해는 작아 보인다) 나는 보이는 것을 믿기로 한다(너는 틀림없이 녹는다) 시간이 걸려도 시간은 시간이 되는 일을 멈추지 않는다(일어나지 않은 일과 일어나지 않을 일은 전부 일어난다) 그렇게 생각하면 너는 녹지 않을 수도 있었다(살아 있지 않은 것만이 녹지 않는다) 너는 여러 번 죽음을 맞이했다(네가 다시 움직이는 이유를 나는 모른다) 너는 일어났고 녹기 시작했고 그동안 쌓인 이름을 지우려고 애썼다(그런 너를 볼 수 있을까) 좋은 해와 나쁜 해를 구분하려 했던 날들이 있었지만 해는 얼룩이다(너는 그것을 뒤집어쓴다) 얼룩진 얼굴은 너와 어울린다(표정이 사라지고) 윤곽을 모두 상실하고 나면 남는 것이 너였다(너는 무언가가 되는 일을 그만두었다) 너라는 허물이 뜨거운 도로 위를 흐른다(증거가 될 만한 것은 빠르게 증발하고) 네가 잊어버린 것은 너와 일치한다(이제는 어둠이 찾아들 때가 되었는데) 너를 어디에서 볼 수 있을까(나는 거리의 그늘진 곳들을 의심한다) 네가 나에게 오는 다리는 끊어지고(내가 사랑한 것은 다리였다) 해는 꿈을 만들 준비를 끝마쳤다(너는 잔열 속에

잠시 머무른다) 나는 너를 끊임없이 녹게 만들고(너는 너를 번복한다) 마지막의 마지막까지 너는 태어나고 있는 중이다

산책보다 긴

그는 언덕에 서서 자신의 부재를 올려다볼 수도
내려다볼 수도 있었다

그를 내버려두어야지
그러나 완전히 내버려두지는 말아야지

그의 머릿속은 언덕을 배우고 있다
언덕이 아닌 곳은 전부 잠들어 있다

절친한 의사는 그에게 산책을 권유한다
산책이라면 언제라도 해낼 수 있다
그렇게 생각한 그였지만

비탈지고 높게 솟아오른 언덕에서
그가 하려는 일은 산책만큼이나 오래된 일이다

언덕에도 꼭대기가 있을 수 있다 하지만 절벽이 많은 지형에서는 언덕을 명확한 꼭대기가 없는 곳으로 간주한다

모든 것과 무관해지는 높이란 가능한가
기준을 벗어난 꼭대기처럼

언덕을 넘어서도 언덕이 이어진다는 느낌과
낮아질 데 없이 낮아진 곳에 구멍을 뚫는 감정은 동일한가

산책보다 긴 탐색이 이루어진다

겨울

조금씩 갉아먹을 것이 필요하다
살점이 붙어 있는 뼈나 작은 치즈 같은 것

나는 홀로 앉아 있다
대답을 거부하고 있다

장갑을 끼지 않은 손에
빈 종이가 달라붙는다

종이의 깊은 곳
첫눈이 오는 세계 안에서
풍경과 살을 혼동했다

나는 이미지가 되었다
나는 오래되지 않았다

눈보라를 겪고 나온 나의 몸이 멀쩡해서
이번 생이 끝없이 다시 시작된다고 생각했다

불

　불이 치솟는 걸 보았다. 한참을 쳐다보고 있다가 잠에 들었다. 어떻게 잠에 들 수 있었는지 모르겠다. 불길은 작고 무시할 만했지만 좀처럼 사그라들 것 같지 않았다. 시간이 지나 눈을 떴을 때 불은 보이지 않았고 불이 있던 자리를 생각해보려 했지만 머릿속이 너무도 묘연해 풍경이 잘 그려지지 않았다. 나는 어느 건물의 옥탑에 누워 있었다. 박공지붕 모양이 그대로 드러나는 공간에서 낮고 기다란 복도의 끝을 바라보고 있으면 어떤 일이 일어나기만을 기다리는 기분이 들었다. 여전히 창밖은 어두웠고 나는 다시 선잠에 들어서다 말고 달빛이 비추고 있는 천장에 시선을 고정했다. 천장의 색이 시시각각으로 변화하는 것을 지켜보았다. 자연스러운 달빛이 아니었고 파랑과 빨강 사이의 형언할 수 없는 색들이 창문을 통과하지 않고 눈앞에 나타났다. 누군가 옆에 있다면 같은 장면을 바라보게 될지 궁금했다. 이곳에 들어오려면 무릎을 바닥에 붙이고 천천히 움직여야 한다. 이동하는 법을 처음부터 배워야만 한다. 계단 밑에서는 한참 전부터 그림자가 흔들리며 보였다가 말았다가 한다. 불안함과 나란히 도열하는 편안함이 나를 밤의 언덕 위에 눕혀두고 있다.

결심

꿈에서 이상한 결심을 했다. 태국에 가야 한다는 것이었다. 태국에 가본 적은 있지만 이번 일과 연관이 있을 것 같지는 않다. 나는 여권도 없이 그곳에 가려고 공항에서 몇 차례 소동을 벌였다. 얼마 전에도 이유를 알 수 없는 결심 때문에 일본에 가야만 했다. 가는 건 어려운 일이 아니었다. 문제는 내가 도착하자마자 여권을 잃어버렸다는 것이다. 모든 소지품을 분실했는데 휴대폰은 있었다. 아는 사람과 모르는 사람 전부가 일본에 와 있었다. 생각해보니 두 번에 걸쳐서 같은 꿈을 꾸었다. 한 번은 가려고 해도 갈 수 없었고 한 번은 돌아오고 싶어도 돌아올 수 없었다. 어떤 일은 일어나기도 전에 알 수 있었다.

멜로디

    정적이 찾아오고 너와 내가 중얼거린다 그것은 한때 감미로웠지만 지금은 쓸모가 없는 노래다 모든 것이 너무 어둡다 모든 것이 너무 환하다 나는 네가 보이지 않고 너도 내가 보이지 않아서 우리는 노래하는 법을 배우기로 했었지 비를 맞으면서 비를 맞지 않으면서 지치지도 않고 우리는 단순하게 울고 싶었다 웃고 싶었다 어느 편으로도 기울지 못하는 날이 많았기에 우리는 이렇게 노래했다 저렇게 노래했다 당신은 죽어 있고 당신은 움직인다 멜로디를 껴안고 멜로디에 매달려 멜로디를 일삼고 멜로디에 빠져서 들어본 적이 있는 것만 같구나 멜로디를 잘근잘근 씹으며 가늘고도 굵게 낮고도 높게 노래를 연습했다 현대적인 고전적인 유행성의 목소리는 아름다워 아무것도 남기지를 않고 사랑도 불안도 어떠한 극적인 가사도 어울리지 않고 서로에게 신호를 보내는 것처럼 우리의 머릿속을 맴돈다

음감회

파주에서

와인을 사고 오는 길이었다. 와인을 사러 간 것은 아니었다. 어느 창고에서 음악을 크게 들을 수 있다고 해서

가서 들어보니

듣고 싶은 음악이 아니었다. 각자의 생각에 빠져 있느라 들려오는 음악을 다 듣고

누구도 그러자는 말을 꺼내지는 않았지만

말없이

와인을 사러 갔던 것 같다. 와인이라면 이전에도 같이 사본 적이 있었다. 다른 와인을 고르는 일도 좋았고 같은 와인을 고르는 일도 좋았다. 마셔본 적이 없는 와인이라면

마시기 전까지 즐거울 것이었고

파주에서 할 수도 있었던 말을 떠올리면 파주가 기억난다.

돌아오던 길은 길고 긴 직선이었다. 계속 직선인 길 위에서 듣고 싶은 음악이 생각나지 않아서 아무것도 듣지 않았다.

도착할 때까지 한마디의 말도 하지 않아서

우리는 계속 우리일 수 있었다.

어떤 상태

어떤 상태가 되었는데 불편하다. 상태에서 벗어날 수 있을까. 상태가 되기 전에는 알지 못했다. 내가 어떤 상태인지. 여전히 알지 못한다. 그런 상태여서. 나는 베개를 받치고 몸을 눕힌다. 하나로는 부족해서 또 다른 베개를 머리맡에 밀어 넣고 자세를 고친다. 잠에 들고 싶은 것은 아니다. 잠과 상관없이 누워 있다. 나의 모습은 나의 상태와 연관이 있는지도 모른다. 더 많은 베개가 필요하다. 잠에 도움이 되지 않고 방해만 될 뿐이지만 방해가 되는 것이 지금은 도움이 되기 때문이다. 나는 완전히 깨어 있고 싶다. 언젠가부터 한편에 놓여 있는 백지를 바라본다. 백지와 나는 아무런 관련이 없다고 느껴진다. 백지는 나를 덮을 수 없고 나도 백지를 덮을 수 없다. 나는 백지와 가볍게 충돌할 수 있을 뿐이다. 뜻대로 되지 않는 접촉을 그만두고 백지의 바깥을 쳐다본다. 바깥에는 그것의 바깥이 있고 또다시 바깥에는 그것의 바깥이 있다. 관념이 이어져 어떤 바깥에 이르게 되면 눈을 감는 일이 더 이상 어색하지 않다.

밤이 되기까지

창덕궁 앞이었다. 담장을 사이에 두고 창경궁이 보이지는 않았지만 너는 창경궁이 예쁘다고 했다. 나도 창경궁이 예쁘다고 대답했다. 뭔가를 골똘히 생각하는 너를 따라

생각을 거듭하며 얘기했다. 처음 와본 동네에 관해 얘기하다 태어났던 동네에 관해 얘기했다. 나는 너의 동네가 궁금해 항상 가보고 싶었는데 와도 아무것도 없다고 너는 여러 번 말했었고 가도 아무것도 없겠지만

한 번쯤은 아무것도 없는 것을 보고 싶었다. 그래서 무슨 일이 일어나고 무슨 일이 일어났기 때문에 일어나는 일을 보고 싶었다. 네가 첫째였기 때문에 겪어야만 했던 일처럼 내가 둘째였기 때문에 동네를 옮겨 다닌 것처럼 어떤 일은 예정되어 있고 예고 없이 지나간 다음에야 시작된 곳을 드러내고

그게 창경궁이었는지 창덕궁이었는지 알 수 없게 되면 무슨 일이 일어난 것이었다.

어두운 담장 아래에는 개들이 자주 찾아왔다. 무언가를 파내거나 묻으려는 것처럼 보였고 그렇게만 보이도록 내버려두었다. 밤이었다. 동네가 나뉘는 곳이었다.

폴란드

영화를 보고 나오는 길이었다. 몇 번을 와도 어려운 길이었다. 나는 폴란드에 가 있었고 폴란드에 없는 내가 이곳에 와 있었다. 얼지 않는다는 강이 얼어붙은 후에야 영화는 시작됐고 더 이상 녹지 않는다는 말이 무색하게 녹아내리는 것이 영화의 끝이었다. 얼어 있거나 녹아 있는 모든 것이 영화의 일부였고

나는 폴란드에 다녀왔다. 어제는 크라쿠프에 다녀왔고 오늘은 바르샤바에 나를 두고 왔다. 그때는 겨울이었고 봄이었고 가을이었다가 지금은 다시 겨울이었다. 무슨 옷을 입고 있었는지 기억나지 않았지만 무슨 옷을 많이 입었던 것 같다. 많이 벗었던 것 같고 몇 벌은 아직도 입고 있다. 아직도 길을 찾고 있고

병원에서의 일을 떠올린다. 나는 의사가 아니었고 환자도 아니었다. 보호자도 아니었고 아무것도 아니었다. 수도꼭지도 아니었고 천장에서 새고 있던 빗방울도 아니었다. 컴퓨터도 아니었고 볼펜도 아니었다. 소파도 아니었고 바닥도 아니

었고 허공도 아니었다. 하지만 나는 병원에 있었고 병원에서 일어나는 일을 보고 있었다. 어쩌면 나는 병원이었고 바르샤바였고 폴란드였고

 얼지 않는다는 강이었다. 얼어붙은 강이었다. 녹아버린 강이었고 그 속에 빠져버린 아이였다. 구조되는 동안 누군가는 웃으며 집으로 돌아갔고 몇 사람이 남아서 같이 울고 있다. 한 사람이 죽으면서 영화는 시작된다.

휴가

 아무 데도 가지 않고 준비만 하다 끝이 났다. 믿기 싫어 밤을 다 써버렸다. 바람이 불어 춥다고 생각했고

 그러고 보니 바람이 달라졌다. 벌써 오래전 일처럼 느껴졌다. 여름은 여름일 때만 여름이고 그래서 늘 궁금했다. 누군가 여름으로 들어가 나오는 일까지 기록했다. 그는 아직 아무 데도 가지 않은 것이 분명하고

 가을이 되니 생각난다. 그는 여름에 있어서 여름을 살아간다. 그 사람에게서 저 사람으로 옮겨 다니면서 살아간다. 그를 만나고자 하면 몸이 있기만 하면 된다. 몸이 없으면 몸을 가져다주기도 한다. 그를 잊어버리느라

 잠이 들지 못한 너와 카페에 앉아 있다. 밖은 여전히 덥고 이곳은 조금 춥다. 아직 여름이라면 여름인 곳에 나의 잠은 멈춰 있다. 너는 너의 잠을 기다리고 있고

 간다고 말을 해도 따라갈 수 없는 곳이 있다. 가게 될 곳이

라면 그 문턱에서 바람이 또 불어오고 그곳이 어디인지 내가 몰랐으면 좋겠다.

5번 출구

　택시를 타고 온 너와 택시를 탔다. 돌아갈 때도 너는 택시를 탔다. 그런 날이 있다.

　집이 없는데도 집에 가기 싫고 비슷한 사람이 비슷한 사람이어서 실망하고 또 좋아지는

　이 지역은 내게 너무 넓다. 어디까지 넓어질지 알 수 없다. 뒤집으면 나도 뒤집힐 것 같고 누가 그렇게 해줬으면 하는 날에

　너는 택시를 타고 온다. 나는 눈을 감았다가 계속 뜬다. 너는 옆에서도 오고 바로 앞에서도 온다. 잠깐 서 있다가 가버리는 택시 안에서도 너를 찾아낼 수 있었는데

　지나가는 택시가 지나가는 동안

　한번은 그런 꿈을 꿨다. 모두가 택시에 오르고 택시가 사라진다. 택시인 채로 사라진다. 그길 나 지켜보고 있다가 보

이지 않게 된 것을 잡으려다

    모두를 떠올리면 모두가 모여 있다. 모두의 일원이 되는 일은 어렵다. 일원이 되지 않는 일은 더 어려웠고

    이렇게 뚫려 있는 길은 처음 본다.

    누가 서 있어도 잘 보였다.

초인종

 대학교를 지나 걸었다. 걷고 또 걷다 보니 걷는 일이 쉬워졌다. 손톱을 보기도 하고 지도를 보기도 하고 도착한 곳에서 전화를 걸었다. 모르는 집 앞에서

 내가 머리부터 발끝까지 멈춰 있다. 잠시 멈춰 있다 보니 멈춰 있는 일이 쉬워졌다. 누군가 나왔다면 비켜줘야 했겠지만

 문이 열렸으므로 더 이상 문을 지키지 않아도 괜찮았다. 계단을 지킨다면 어느 칸에 서 있으면 좋을지 내가 칸을 밟고 서 있을 수 있을지 올라가는 계단 위에서 떠올랐던 장면들이 언제 마주쳤던 장면인지

 너는 방 안을 지키면서 서 있었고 나는 처음 보는 방 안이 무서웠다. 열려 있는 방문들을 쳐다볼 수 없었다. 나는 일회용 컵을 들고 너는 언젠가부터 너의 컵을 들고 있다. 나의 컵은 어디에도 없었으므로 나는 일회용 컵을 꽉 쥐었다.

 나만 기억하는 장면이 있고 내가 없는 기억이 있고 누군

가 지워지는 기억이 물처럼 고여 있다. 고여 있는 물을 누군가 밟고 지나가도 누군가는 영영 모를 수도 있을 것이다.

너는 이름이 뭐니

고양이가 없었는데 고양이가 나타나기도 했지
처음부터 나타날 생각으로 그렇게 숨어 있었나봐

잊을 만하면 이름이 떠올랐다.

당신의 스웨터

너는 좋은 사람처럼 보인다.
너무 많은 햇빛과 신선한 공기가
너의 두꺼운 스웨터를 가로질러 지나갈 때

약간의 비가 다시 오는 주말에
욕실이 깨끗해 보이지가 않아서
너는 바닥을 정리한다.
근처에는 아무도 없고
소중한 아침에 너는 수건을 붙잡고 있다.
하루 종일 행운에 대해 생각하면
하루 종일 운이 좋지 않을 수도 있겠다고 생각하면서

너는 따뜻한 환영과 차 한 잔을
두터운 형태로 가진다.
보통 다음 날에는 그렇지 않고
사람들의 마음에 드러누운 너는
사랑하는 모든 방향으로 겁을 먹는다.

최근 몇 년 동안 작은방에서
기도하듯 모은 너의 손끝은
너를 바보처럼 보이게 한다.

당신의 스웨터를 좋아해요
나는 좋은 사람처럼 보이기 위해 말한다.
아니 그렇지 않아
나는 마음에 진정한 관심을 가지고서 말한다.
당신의 스웨터를 좋아해요

감자를 들고

새벽마다 눈을 뜨고
영어로 인사한다
영어는 중요하지
하지만 감자가 먹고 싶어

오늘은 감자를 먹어야지
감자를 먹는다는 것은 정말로 안심이 된다

비록 감자 하나일 뿐이지만
주머니에 들어간다
주머니에서 감자를 꺼낸다
몰래 그리고 갑자기
그것을 먹는다

나는 일하러 간다
나를 집에 남겨두고서
오늘은 아무도 따라가지 않아야지
감자를 먹으면서

감자가 사라지는 생각을

주머니에 넣으면서

명령을 내려라 감자

주머니에 넣을 수 있는 명령을

감자는 단순하다

머물 수 있다

내가 어쩌면

감자 하나가

최대한의 속도로

작아진다

먹으면 아픈 토스트

잘 구워진 토스트가
엄청나게 빠르게 움직여서
이리저리 계속 구부리면서 씹는다

입에 들어가자마자 아프지는 않았어
청치마 상추는 생각 이상으로 얇았지
그런데 연어 머리는 그렇지 않았다

기울어진 연어 머리는
나의 단조로운 내부를 기름칠했어

테이블 위에 고립된 토스트
정직한 연어 머리는
대담한 구성 속에서
완전히 삐뚤어졌어

잘라보자 토스트
악몽이 일하는 방식으로

자르면 자를수록 쳐다만 보는
나쁜 토스트

토스트가 부족해서
집에 돌아와 저녁 식사를 하고
입에 음료수를 부었지
다음 날 일어났을 때
더 이상 아픈 곳은 없었고

구름 모양들 속에서
새롭게 구워지는 나쁜 토스트

귤

 귤 농사를 한다. 귤이 계속 생겨나서 걱정이다. 귤을 팔지도 못하고 주위 사람들에게 나눠 주려고 해도 그 사람들도 다 귤 농사를 한다. 결국에는 혼자 귤을 먹을 수밖에. 귤은 꽤 싱싱하고 맛이 있는 것 같다. 겨울에는 이보다 단순한 과일이 없는 것 같다. 장식을 시작할까, 겨우내 처리하지 못한 귤이 방 안 곳곳에 놓이면서 그해의 농사는 끝이 난다. 창틀에도 선반 위에도 방황하는 귤이 쌓여 있다. 시간이 흐르면서 귤은 형체를 잃고 슬그머니 머릿속으로 들어온다. 더 이상 공간을 차지하지 않는다. 나의 모든 생각을 겸허히 받아들이는 귤이 있어서 나는 자유를 느낀다. 그렇게 계절이라는 이상한 감각과 반갑게 재회한다.

식사 사진사

그는 식사 사진사다. 초점이 맞는 맛있는 사진을 찍기 위해 열심히 노력해왔다. 하지만 오늘 그가 찍은 사진에서는 소스에 비친 그의 얼굴과 몇 개의 손가락이 보인다. 그는 그것들을 어딘가로 보내고 사과를 한다. 그는 자기 자신을 찍었다. 슬픈 얼굴을 찍었다. 그의 모든 것이 슬프게만 보였다. 슬픔은 의도하지 않았다고 해도 그의 것이다. 그는 만나야 할 누군가를 찾아 나선다. 그 사람에게 손과 얼굴을 보여주고 집으로 돌아간다. 집으로 가는 길에 사과를 전송한다. 밤새도록 사과의 언어를 다시 쓴다. 요즘 사람들은 아침밥을 뛰어넘는다. 사람들은 건강하다. 사람들이 사무실이라고 부르는 곳에서는 기분 좋은 고기 냄새가 난다.

조용한 방법

시작이라고 생각하자 끝이 보이기 시작했다. 누군가 깨어 있기를 바라는 동안

그 사람은 자고 있다. 잡을 수 없는 손이 있다는 건 슬픈 일이다. 잡고 싶은 손이 생겼는데

나는 앉아 있다. 저기까지만 걷자고 했던 그곳을 아직도 모르는데 그 사람은 이제 걷자는 말도 없이 혼자서 걷고 있다.

잔다는 말도 없이 자버리면

내가 없는 모든 것이 그곳에 펼쳐진다. 그 사람은 볼 수 없는 모습을 하고 있다. 보인다고 해도 나는 알 수 없고

알고 있는 어떤 것이 보이고 있는 것도 아니었다.

보는 일을 그만하려다가

그 사람을 보고 있다. 아무것도 보이지 않는 척을 했다.

옷의 세계

내가 입는 옷은 누가 입던 옷이다. 옷이 필요하다고 생각했지 새 옷이 필요하지는 않았다.

몸에 맞는 옷이 필요했다. 옷은 내 몸을 잘 모른다. 나도 내 몸을 잘 모른다. 옷의 세계에서 몸은 불투명한 무엇이다.

나를 대신할 마네킹이 나에게는 없다. 환상 속에서 옷을 꺼내고 집어 넣기를 반복한다. 어떻게 해도 잘 입어지지 않는다. 까다로운 것은 내 몸도 아니고 이 세계의 형식인데 나는 새 옷이 어울리지 않는다.

새 옷은 나를 밀어낸다. 나는 옷도 몸도 아닌 것을 입고 있다. 내 옷에 살았던 몸을 입고 있다. 새 옷을 입고 자신을 새것으로 만드는 사람을 알고 있다. 그는 옷을 싫어한다. 나는 나의 옷이 싫지 않다. 오래된 옷이 깨끗하다.

3부

잠옷의 사람

밤중에 나는 다시 태어난다. 나에 대해 이야기하는 소리를 듣는다. 내 옷을 서로 나눠 갖겠다고 분주히 움직이고 있다. 나는 보이지 않는 잠옷처럼 조용히 누워만 있다.

겨울이 걸려 있는 옷장 속에서 아무도 걸어 나오지 않는다. 바닥에는 여름과 봄이 쌓여 있고 나는 가을을 끊임없이 본다. 옷 한 벌만 남아 있으면 된다고 생각하면서 옷들이 방 안을 돌아다니고 빠져나가는 것을 본다.

이제 모두 내 방에서 나갔으면 좋겠다. 내가 없는 계절이 소란을 뚫고 오고 있다. 그렇지만 나는 마지막으로 옷을 갈아입을 사람이니까 손을 잃어버려서는 안 된다. 입어야 할 옷이 셀 수 있는 만큼 남아 있을 때 하마터면 나는 내 옷을 입고 떠나려는 사람을 나라고 부를 뻔했다.

흰 창

창문이 얼고 창문이 느려진 것 같다. 창이 다음 창으로 힘겹게 넘어간다. 나는 얼지 않을 수도 있었다. 얼 수도 있었다. 오늘은 얼었다. 창문을 새로 고쳐야겠지. 자리를 바꿔야 한다면 어디에 서 있으면 좋을까. 흰 창의 영향으로 생각이 온통 하얘져서 그만 몸 안의 열을 다 빼앗기고 있었다. 떨고 있는 몸으로는 열을 만들어도 열이 잘 느껴지지 않았다. 몸이 몸을 깨려고 하기도 하고 붙이려 하기도 해서 나는 혼란에 잠겨 흰 창을 향해 멈춰 있었다. 언제인가 한 번 녹았던 기분이 들었는데 마치 처음인 것처럼 창은 얼어 있고 내 기억이 온전해지지 않았다. 이렇게 차가운 창문이어도 가지고 있어야겠지. 창문이 없으면 너무 넓어지기만 해서 세계를 잘린 모양으로 쳐다볼 수 없다.

분갈이

너의 식물을 나의 화분에 옮겨 심었다. 처음에 보았을 때 잎이 여섯 장 살아 있었는데 여태 늘어나지 않고 제자리였다. 그 수를 넘어가 잎이 생기면 잎이 난 순서대로 잎이 시들어 나는 잎의 가능성만 겨우 볼 수 있었다. 단순히 초록색이 많아지는 일을 기다렸는데 여섯 장의 잎은 계속 단단해졌다. 너무 뾰족해서 지나칠 때마다 눈을 찌르기 시작해서 언제부터인가 구석에 치워두었다. 칼처럼 화분에 꽂혀 있었다. 가만히 나를 위협해서 잎이 하나씩 부러질 때마다 새잎은 더 날카롭게 튀어나왔다. 조금씩 짧아졌다. 생각 없이 흙을 만지다가 손을 베이는 일이 늘어갔다.

나는 화분을 부엌에 있어 이파리 앞으로 서성였다. 물룰를 자다보다가 식물 앞이 움직이는 동물이 흐느껴졌다. 상냥함이 이파리에서 피어났다.

전등 불빛

　전등을 교체했다. 소등이 되지 않아 눈이 부셨다. 스위치를 내려도 남아 있는 불빛을 쫓아낼 수 없었다. 계속 점등이 되어 있어서 코드를 뽑는 일이 영원했다. 끊어진 전선들이 이어지는 곳을 모른 채 버튼을 부수고 수리하는 일이 반복되었다. 빛과 관련 없는 부품들이 바닥에 쌓여가고 어디가 고장인지 알 수 없었다. 나의 동작은 전등 불빛의 양과 전혀 무관했다. 벽을 허물고 새로운 공사를 벌여도 빛나는 현상은 멈추지 않았다. 어둠으로 전등을 가렸는데 티가 나지 않았다. 오랫동안 정전이 이어졌는데 나는 전등에 빠져 불빛을 뚫어지게 보고 있었다. 이미 몇 번이나 전등을 갈아 치웠지만 불빛을 뜻대로 처리하지 못했다. 불빛을 꺼트리지 못했다.

책

커피를 마신다. 벌써 몇 잔째 같은 커피를 마신다. 앉아 있으려고 마신다. 무엇을 하려는 건 아니었고 가방에는 책이 두 권 들어 있다. 두 권을 넣으니 가득 찬다. 항상 책을 가방 안에 넣는다. 언제부터인가 책을 읽지 않는다. 책이 든 가방을 아무도 모르게 들고 있다. 남들처럼 나는 커피를 주문하고 마신다. 뜨거운 것도 마시고 차가운 것도 마신다. 테이블 위에 있는 잔이 늘어가는 동안 생각을 하고 남은 생각에 대해 생각을 하면 할수록 생각이 많아져서 줄어드는 생각을 보게 하는 것을 찾는다. 길이를 조절해보아도 가방끈의 상태가 마음에 들지 않는다. 무겁지도 가볍지도 않은 가방을 쉽사리 벗을 수가 없다. 나는 이곳에서 나갈 방법을 모르고 있다. 어쩌면 책이 도움을 줄 것이다.

출입

가방이 열리려고 해서 막고 있었다. 가방을 전면개폐형으로 관리하는 일이 무척 단순했다. 잘 보이는 곳에 놓아두고는 불쾌한 움직임이 없는지 확인했다.

가방이 눈에 띄었다. 뭔가 닫을 만한 것이 나에게 필요했던 참이었다. 열린 창문이나 뚜껑 혹은 서랍 따위를 제자리로 가게 하는 일이 나의 일이었다. 나는 전문가가 아니었지만 가방이 제대로 지켜지지 않아 걱정되었다. 어설프게 실행되는 것들이 한두 가지가 아니었지만 확실히 나는 지독하게 방 안을 비워냈고 마지막으로 눈에 들어온 것이 가방이었다.

나는 며칠 전부터 갇혀 있었다. 가방을 고치면 나갈 수 있다고 믿고 있었다. 구멍이 쉬지 않고 벌어지고 있었다. 나는 머무르는 법을 잊어버렸다.

가방을 버리러 가야 했다. 안에 모르는 물건들이 들어 있었다. 주머니가 많지 않아 다행이었다. 주머니마다 모르는 물건들이 웃고 있었다.

모자

　모자를 쓰지 않은 지가 오래된 친구의 모자를 보관하고 있다 돌려줘야지 생각하고 있었는데 정말 간단한 일인데 이렇게 길어질 이유가 없었는데

　꿈속의 햇볕이 너무 뜨거울 때면 친구는 모자를 쓰고 나에게 걸어온다 나도 모자를 쓰고 우리는 닮은 모습이다 우리는 모자가 필요한 동물이지 서로의 그림자를 비교하느라

　모자는 어둠 속에서도 깨어 있다 나는 모자가 하는 말을 듣고 있다 어디서 들려오는 말들인지 진짜로 있을지도 모를 그런 곳을 떠올리면 나는 슬퍼진다 슬픈 이야기는 아니었는데 그러니까 모자가 하려는 말을 그렇게 설명하고 싶지 않았는데 얼굴이 없는 친구에게 따뜻한 모자를 씌워주고 싶다 더 많은 모자를 선물하고 싶다 친구는 다 알고 있다

칠면조 가방

때때로 칠면조 꿈을 꿔요

항상 시작은 문지르고 있어요

모르는 양념으로 축축한 칠면조를 가방에 넣으면

가방은 작아져 있고

때때로 칠면조를 가방에 넣어요

작은 가방에 들어가지 않는 머리를 자르고

다음 칠면조를 가방에 넣을 때

머리가 보이지 않고 때때로 칠면조 머리를 먹어요

항상 머리만 먹어요

가방을 잃어버리고

머리는 오븐 속에 있는데

거기에 혼자 들어간 머리가 제시간에 나오기만을 기다리면서

저는 종이 가방을 접어요

어떻게 요리가 완성되는지

머리는 알아서 뜨거워져요

마치 여러 얼굴을 가진 것처럼 색이 변하는 칠면조 머리를 먹고 있으면

어딘가에서 칠면조가 머리도 없이

유리창을 깨고 들어와요

들락날락해요

내게 없는

흰 봉투를 들고
봉투 안에는 적당히 가벼운 것들이 들어 있고
누군가 걸어온다
내가 찾던 흰 봉투다

아무런 무늬가 없고
어디에서 온 것인지 모를 흰 봉투가
분명 나에게도 있었는데

서랍을 열면
기억 저편에서부터 봉투들이 쏟아진다
제멋대로 구겨져 있다
내가 그렇게 만든 것처럼

시간이 하는 일은 내가 하는 일과 구분되지 않고
나는 너무 많은 일들을 당연하게 저지른다

시간 없이 나 없이 존재하는 어떤 물체를 떠올린다

형태가 없고 소리를 갖추지 못한 그것을 들여다보며
여러 갈래로 전진하는 생각을 내버려둔다

흐트러진 대열 속에서
흰 봉투의 이미지를 지워낼 수 없다

봉투 안에는
봉투 그림자
그림자 안에는
내가 마주할 수 있는 어둠이 넘쳐난다

나는 시간으로부터 달아날 수 없다
흰 봉투를 들고
그것을 무엇이라고 부르지 않고
걸음이 떨어지는 순간을 기다린다

밤

계획이 없는 날이었어
생각 없이 밤을 줍기 시작했는데
아무 준비도 없이 괜찮았어

상태가 다 좋았어
떨어진 밤이었는데
떨어지지 않은 것은 하나도 없었어

정말 밤이 많았어

아무 이유가 없는 날이었는데
밤을 보자마자 그저 갖고 싶었어

나처럼 생각하는 사람들이 많았어
밤은 더 많았고
아무도 고르지 않은 밤을
서로 주워 담기만 하면 됐어

가까이서 본 밤은

멀리서 본 것과 똑같이 생겼어

오늘이 나는 좋았어

각자의 밤을 들고서

사람들의 마음이 조금도 멀어지지 않았어

버려진 것들이 모여서

버려진 것들이 모여서 눈길을 끈다
손상을 입고 있다 천천히 계속
물건을 가져오는 사람은
자신을 다 정리한 듯 보인다

새벽 공기는 숲을 다 지워버렸다
비명을 지르는 공을 물고 나타난 강아지가 제자리를 돌고 있다
동그라미를 그리지도 못하면서

주인이 묻혀 있는 곳을 알고 있다
비로소 주인을 묻고 있다

떠나온 곳과 거리를 두고
산책을 확립하는 일

오래된 공을 잃어버린 강아지가 정말로 슬퍼하는지
우리는 알 수 없다

강아지가 다시 온다면 저리로 가자고 말해야지
여기는 공사 중이니까 공처럼 보이는 것들이 좀처럼 보이지 않으니까

개 짖는 소리가 들려도 공사는 넓어진다

커다란 파란색을 본다는 건 멋진 일이지만
지금은 이상하게 하늘이 멈춰 있다

곱슬머리를 구하기 위해

까다로운 손이 잠자는 동안에
무거운 곱슬머리는 무섭게 흩어졌다
이미 오후가 되면서부터 제자리에 있지 않았는데

무슨 일이 일어났는지
기억하는 사람은 없고
우리가 놓친 모든 세부 사항에 대해
그는 놀라고
우리도 똑같이 놀란다

누군가를 위해
피곤할 정도로 자신을 돌봐야 한다
보기 좋게 구부러진 머리를 하고서
그는 괴로워한다

곱슬머리는 곤란하다
머리를 바꾸지 않는다면 어떻게 될까

심각하게 생각하지 않는다
우리는 잘 지내고 있고
보이는 것을 내버려둔다

우리가 놓친 모든 세부 사항에 대해
그가 고맙다고 말을 할 수 있다면
우리도 똑같이 말을 할 수 있다

팔을 들고

한참 자고 있는데 전화가 왔다
잠이 안 와서 여러 군데 전화했다고

아픈 곳은 없다고 했다
얼굴이 엉망이라고 했다
누구인지 묻지 않았다

그동안 엎어져 있었어요
무서운 꿈 다음에는 더러운 꿈을 꿔요

매일 청소 안 해서 그런 게 아닐까요
뭐가 나올지 모르니까
가만히 있는 것도 안전하지 않아요

아무것도 나타나지 않았어요

밤새 전화가 이어졌다
나는 성급하게 움직일 수 없었다

보이는 것만 보고 있을 수는 없었다

서서히 밝아오는 방에서
유난히 차가워진 팔을 들고 있었다

눈동자

누군가 잠에서 죽었다
누군가 죽어 있는 잠 속으로
나는 빠져들고 있었다
눈동자 안에서 나는 소리쳤다
잠이 나를 죽이려고 한다고
여기서 나갈 수가 없다고

내가 떨고 있는 동안
누군가 잠으로 들어왔다
누군가 들어온 잠 속에서
나는 죽어가고 있었다
나는 잠을 열어놓고 쓰러졌다
누군가 눈동자를 들여다볼 때까지
내가 죽어 있는 곳을 알려주고 있었다

흑백

장례식이 열렸다
사진 속에서
벌써 끝나 있었는데
내가 보고 있는 동안 다시 시작되었다

나는 사진 속의 사람들처럼 작아졌다
한 사람이 한 사람 옆에 놓였다
같은 묘지에
같은 방식으로

먼저 장례식이 있었고
또 다른 장례식이 이어졌다
실루엣들은 어두웠고
외투 위로 그만큼의 빛이 떨어지고 있었다

내가 보고 있는 곳에 나는 없다
사진을 보고 있을 뿐인데 나는 조용해진다
사진 너머에서 누군가 나를 보고 있다

사진은 열리는 중일까
아니면 닫히는 중일까

사람들이 눈을 감지 않고 꿈을 꾼다
나를 보고 있는 눈 속에서
나도 꿈을 꾸고 있다

여기서부터

커피 마시는 척을 했어요
언제까지 해야 하는지는 알 수 없어요

별 느낌이 없어요
아무것도 없는데 마시고 있어요
조금만 나누어 달라고 말했는데
미안하지만 그럴 수는 없다고 했습니다

나만 커피 없어요
저 살 마셔요 마실 수 있어요
분명 마신다고 했는데
여기 커피 없어요

옆면이 뜨거워서 쉽게 속았나봅니다
정말 뜨거웠어요

너무 빨리 마신다고
그렇게 마시는 거 아니라고 했어요

그게 뭐냐고 했어요

자꾸만 물어봤어요

순식간에 잠이 들었다가

일어나라고 혼내는 소리에 충격을 받고 깨어났습니다

다음 커피숍으로 기어갔어요

밤새 데려갔어요

창밖의 그림

밖으로 나오자 그림이 나와 있었다. 그림은 기다리고 있었다. 그림을 보려고 나온 사람들이 미친 듯이 그림자를 만들어 댔다. 그림 속에 태양이 하나 박혀 있었다. 붉고 푸른 색이 사람들에게 쏟아졌다. 누구도 불평하는 사람이 없었다. 그림은 그림자를 잇따라 쓰러트렸다. 나는 무슨 말이라도 하고 싶었다. 그러자 그림이 내 옷을 잡아당겼다. 세차게 끌고 갔다. 여기저기에 긁힌 자국들이 제멋대로 깨어났다.

거울

 바닥의 거울을 보려 했다. 거울은 모두 사라졌다. 어딘가에서 거품이 자꾸 만들어지고 나는 방 안을 떠돌았다. 거품은 알 수 없이 바닥에서 차올랐다. 고개를 숙이는 곳마다 거품이 넘쳐났다. 나는 거울을 조금씩 잊어버렸다. 거품이 거품을 만들고 발밑을 지나다녔다. 바로 눈앞까지 날아들었다. 거품을 눈에 낀 채로 나는 거울을 떠올렸다. 회백색의 거품 속에서 아무것도 반사되지 않고 있었다. 나는 거품이 끝나는 곳을 자세하게 쳐다보았다.

망치

자신의 이름이 기억나지 않는 사람은 거울을 볼 때 그 사람이 되고 싶은 사람이고
거울은 비추고 있는 상대가 누구인지 안다

어떻게 된 일인지 그냥 지나가는 거울에 그냥 지나가는 사람이 죽어 있고

내가 사라지는 낮에
나는 계속해서 망치를 든다
부지런히 하루를 시작한다

어떤 사람으로 시작해서 나에게서 끝나는 거울이 있고
내가 누구의 시작인지 알아채는 거울이 있고

어느 쪽도 나를 정확하게 만들어주지는 않았는데

나는 아직도 싸우고 있다
거울에 빠지면 거울을 가지고 놀 수 없어

비상용 망치를 쥐고

누군가 빠져나간 거울을 내리친다

들판

깨진 들판을 밟았다
들판이 박힌 두 발을 바라보았다
들판을 원망하지 않았다

밤이 깊어지자 상처가 잠에서 깨어났다
들판은 흉터를 따라 몸 안에서 몸 밖으로 천천히 빠져나왔다
하나의 세계를 이룰 만큼 넓은 것이었다

주위의 모든 것은 너무도 자연스러워서
나를 받아들이지도 밀어내지도 않았다

들판과 어둠이 하나가 되는 곳에서
어떻게 해도 풍경에 들어설 수 없는
유령의 마음을 깨달았다

발문

낯선 절단면들 사이에서, 우리

황사랑 / 문학평론가

가지런히 정렬된 물건 중에 비뚤게 놓인 것이 보인다. 자리에 넣어보려 하지만 들어가지 않는다. 튀어나온 블록처럼 "어느 쪽에도 들어맞지 않"는(「여름」) 사람. "인물이 되지도 배경이 되지도 못하고 내가 되려는 것을 모르"는(「아침」) 사람. 미지에 대한 두려움에 계속해서 달려나가는 사람. 홀로 어긋나 있는 사람. 이것이 내가 만난 강이현 시의 화자다. 불안은 누구에게나 존재하지만 발현되는 형태는 제각각이듯 강이현은 한없이 내면으로 침잠하는 것이 아니라 흔들리며 이동하는 화자를 만들어낸다. 시의 화자는 "운동장이 어디에서 끝나는지 모르는 채" "필사적으로 뛰어다"니며(「깨끗이」) 뭔가를 엎지르고 개들에게 쫓기면서도(「골목」) 걸음을 멈추지 않는다. 그래서일까. 계속해서 이동하던 화자는 꿈의 세계까지 진입하게 된다.

> 여기가 어디인지 잊고 있었다. 사실 며칠 전부터 굉장히 피곤했는데 이유는 알 수 없었다. 너무 끔찍했다. 대회가 열린다고 해

서 며칠 전부터 대회에 와 있었다. 도대체 무슨 대회일까 생각에 잠겨 일찍 온 것은 내 실수였다. 어디든 우선 도착하는 것이 내 상태였다. 이곳저곳으로 열심히 출입하는 일이 내가 할 수 있는 일의 전부였다. 문을 관리하는 일은 그다지 어려운 일도 아니었지만 대회는 이번이 처음이었으니까 나는 명찰을 보여주며 부지런히 빈 무대를 돌아다녔다. 명찰이 있으면 어디에 서 있어도 구박받지 않을 거라 생각했다. 나를 해명하지 않아도 괜찮았다. 대회의 관계자들이 멀리서부터 고개를 저으며 나에게 다가왔다. 그 명찰이 아니라고 다른 사람의 꿈을 꾸고 있는 거라고 걱정하는 말들이 나를 불안하게 했다. 그러고 보니 당장이라도 대회가 취소될 것처럼 무대의 모습은 아무런 장치도 없이 아주 평범했다. 나에게는 무대를 만드는 기술이 없었다. 더 많은 꿈이 이곳을 위해 필요했다.

　—「관계자」 전문

시의 화자는 대회가 시작되기 한참 전에 도착하여 누구보다 부지런히 일을 수행한다. 화자에게 주어진 것은 "이곳저곳으로 열심히 출입"하며 "문을 관리하는 일"로 화자는 일을 통해 자신을 증명할 수 있다고 여긴다. 화자의 생각처럼 일을 하는 동안엔 누구도 화자를 무대 위에서 내쫓지 않으며 화자의 행동에 간섭하지도 않는다. 그러나 관계자들이 등장하며 상황은 반전된다. 관계자들로 인해 화자는 순식간에 관계자에서 무대에 잘못 들어온 외부인이 되기 때문이다. 그 순간, 화자와 세계의 단절이 일어난다. 화자가 익숙하게 다니던 곳은 이제 낯선 공간이 되어 화자를 밀어내고 화자는 자신이 이 세계에 어울리지 않음을 깨닫는다.

이같이 강이현이 보여주는 꿈의 세계는 화자에게 불편함을 유발하며 단절을 경험하게 하는 공간이다. 꿈에서 화자는 도움을 기다리다 죽어가거나(「눈동자」) 같은 꿈을 꾸어도 목적지에 도달할 수 없는 상황에 처한다(「결심」). 꿈속에서 벌어지는 일들은 대부분 해결책을 찾지 못한 채 끝을 맞이하고 화자는 불가능성만을 경험하게 되는 듯하다.

    다행인 것은 시인이 화자를 꿈속에 내버려두지 않는다는 것이다. 강이현은 꿈의 세계에 몰입하는 초현실주의자가 아니다. 좋은 꿈이든 나쁜 꿈이든 언젠가는 꿈에서 깨어나야 하듯이 강이현의 세계에서 꿈은 분절되어 나타날 뿐 연속되지 않으며 순간으로만 존재한다. 시인은 화자가 꿈에서 단절을 경험했을 때 사건을 해결하기보다 다른 공간으로 이동하는 것에 집중하는데, 마치 화자에게 단절을 통한 낯선 감각을 경험하게 하려는 것처럼 보인다. 그렇게 꿈의 절단면들을 건너가며 화자는 다양한 세계를 보게 된다. "여기서 놓여날 수 있는 곳이라면 어디로든 흘러가고 싶어졌다"(「구름」)는 고백처럼 어느 한 곳에 안주하지 않는 화자는 안과 밖을, 여러 장소들 사이를 "교묘하게 안 넘어지면서 계속 뛰어"(「뛰는 날」)다니게 된다.

    그리고 사물은 더 많은 곳을 오가고자 하는 화자의 좋은 동료다. 강이현의 시에는 다양한 사물들이 등장하는데 이때 사물들은 수동적인 객체가 아니라 능동적인 행위성을 보여준다. 스위치를 내려도 계속해서 불빛을 뿜어내는 전등이나(「전등 불빛」) 고장 난 상태로 화자의 생각을 차지하는 창문(「흰 창」), 화자를 끌어당기는 그림과(「창밖의 그림」) 자신의 배치에 따라 집의 형태를 바꾸고 이동하는 매트(「해의 모양」) 등 사물들은 도구에서 벗어난 힘을 내보이고, 스스로 움직이며 화자를 변화시킨다. 그중에서도 음식과 옷은 독특한 행위성을 발휘하며 시선을 사로잡는다.

장식을 시작할까, 겨우내 처리하지 못한 귤이 방 안 곳곳에 놓이면서 그해의 농사는 끝이 난다. 창틀에도 선반 위에도 방황하는 귤이 쌓여 있다. 시간이 흐르면서 귤은 형체를 잃고 슬그머니 머릿속으로 들어온다. 더 이상 공간을 차지하지 않는다. 나의 모든 생각을 겸허히 받아들이는 귤이 있어서 나는 자유를 느낀다. 그렇게 계절이라는 이상한 감각과 반갑게 재회한다.

—「귤」부분

"식사는 내부와 외부 사이의 경계가 모호해지는, 끊임없는 상호변형 과정"[ㄴ]이라는 제인 베넷의 말처럼 강이현은 망고를 먹으며 다양한 풍경과 생각을 이어가고(「얼굴」) 토스트를 씹으며 신체의 내부와 외부의 물질을 연결한다(「먹으면 아픈 토스트」). 위의 시에 나타나는 귤 역시 경계를 무너뜨리는 음식이다.

겨울을 보내며 다 먹지 못한 귤은 화자의 주변을 둘러싼다. 집 안에서 화자의 시선이 닿는 곳이라면 귤이 한 무더기씩 놓이게 되고 이것이 그해 귤 농사의 마침표다. 시간이 지나며 귤은 썩어 현실의 공간에선 사라지지만 버려지고 잊히는 것이 아니라 화자의 기억 속에서 살아 움직이게 된다. 이 지점이 강이현 시가 가진 특별한 점이다. 강이현의 사물은 상상에서 출발하지 않는다. 시인은 현실에 존재했던 사물을 상상으로 이동시키는 형식을 취하는데 이때 화자의 머릿속으로 옮겨온 사물은 화자의 뜻에 따라 변형되고 왜곡되는 것이 아닌 사물 스스로 존재하며 능력을 발휘한다. 그렇게 귤은 현실과

[ㄴ] 제인 베넷, 문성재 옮김, 『생동하는 물질』, 현실문화, 2020, 135쪽.

상상 양쪽을 오갈 수 있는 객체가 되어 화자를 품어주고, 화자는 귤을 통해 계절과 계절을 잇는 감각을 익히게 된다.

음식이 경계를 무화시키며 안과 밖을 이어주는 사물이라면 옷은 타자와의 연결을 가능하게 하는 사물이다. 옷은 "방 안을 돌아다니고 빠져나가는"(「잠옷의 사람」) 능동적인 행위성을 보여주며 타자와 '나'를 연결한다. "내 옷을 입고 떠나려는 사람을 나라고 부를 뻔했다"는 것처럼 화자는 옷을 통해 타자와 섞어 들어가고 모자를 쓰고 친구와 닮아가면서 점차 '우리'로 연결된다(「모자」). 다음 작품에서도 옷을 통한 연결을 확인할 수 있다.

> 내가 입는 옷은 누가 입던 옷이다. 옷이 필요하다고 생각했지 새 옷이 필요하지 않았다.

> 몸에 맞는 옷이 필요했다. 옷은 내 몸을 잘 모른다. 나도 내 몸을 잘 모른다. 옷의 세계에서 몸은 불투명한 무엇이다.

나를 대신할 마네킹이 나에게는 없다. 환상 속에서 옷을 꺼내고 집어 넣기를 반복한다. 어떻게 해도 잘 입어지지 않는다. 까다로운 것은 내 몸도 아니고 이 세계의 형식인데 나는 새 옷이 어울리지 않는다.

새 옷은 나를 밀어낸다. 나는 옷도 몸도 아닌 것을 입고 있다. 내 옷에 살았던 몸을 입고 있다. 새 옷을 입고 자신을 새것으로 만드는 사람을 알고 있다. 그는 옷을 싫어한다. 나는 나의 옷이 싫지 않다. 오래된 옷이 깨끗하다.

―「옷의 세계」 전문

시의 화자는 몸에 맞는 옷을 찾아 옷의 세계로 가게 된다. 그곳에서 화자는 낯선 옷들과 만나지만 그에게 맞는 옷을 찾기란 어렵기만 하다. 왜냐하면 옷의 세계는 옷과 인간의 지위가 평평해지는 곳으로 인간이 일방적으로 옷을 선택하는 것이 아니라 옷 역시 인간을 탐색하고 선택할 수 있는 곳이기 때문이다. 어떤 옷은 화자의 몸을 모르기에 화자와 어우러지지 못하고, 새 옷은 화자를 적극적으로 거부하는 모습을 보인다. 또한 행위성을 발휘하는 옷과 다르게 화자의 몸은 마네킹과 다르지 않은 "불투명한 무엇"으로 나타난다. 즉 인간의 몸이 주체의 자리에서 내려와 의미가 담기지 않은 물질이 되는 것이다. 이처럼 사물과 인간의 차이가 최소화되는 세계에서 옷은 인간에게 종속된 사물이 아니라 독립된 객체가 되며 인간이 사물에 부여하는 도구성과 목적성은 무용한 것이 된다.

    그렇다면 화자에게 맞는 옷은 과연 무엇일까. 시인은 그에 대한 답을 "누가 입던 옷"에서 찾고 있다. 새 옷을 입는 사람은 자신을 "새것"으로 만들 수 있지만 옷과 불화한다. 새 옷은 어떤 몸과도 만난 적 없어 사람을 낯설어하고, 새 옷을 입는 사람 역시 옷과 친밀해지기엔 오랜 시간이 필요할 것이다. 이렇듯 새 옷이 기억을 가지지 못한 사물이라면 화자가 입고 있는 옷은 기억이 누적된 사물이다. "옷도 몸도 아닌 것"은 화자를 편안하게 감싸며 이전의 몸을 떠올리게 만든다. 오래된 옷을 입는 것은 화자에게 그 옷을 입었던 '몸'을 기억하는 일이자 낯선 '몸'과 연결되는 일로, 자신의 몸을 알지 못했던 화자는 옷을 통해 몸의 기억을 갖고 타인과 연결된다.

그동안 홀로 고군분투하며 이동을 거듭하던 화자에게 타인과 연결되는 경험은 세계에 대한 인식을 확장시킨다. 그는 사물의 목소리를 들으며(「모자」) 버려진 것들과 관계를 맺고(「버려진 것들이 모여서」) 사라진 것들의 자리를 발견하면서(「크로바마트」) 세계에 자리한 작고 낯선 절단면들을 성글게 잇는 사람이 된다.

"비상용 망치를 쥐고/ 누군가 빠져나간 거울을 내리"치는(「망치」) 화자의 다음 목적지가 어디인지 아직은 알 수 없다. 하지만 시인의 걸음이 염려되지 않는 것은 그가 화자와 연결될 '우리'의 자리를 상정해놓았기 때문일 테다. 불안을 안고 꿈 사이를 건너던 사람, 편안함을 모르고 쫓겨야 했던 사람은 이제 모두가 함께 만날 수 있는 자리를 마련해준다. 사물이 형태를 변형시키지 않아도 화자 곁에 머무를 수 있는 것처럼, 사물이 도구성을 강요받지 않고 사물 자체로 있을 수 있던 것처럼, 어떤 모습이든 있는 그대로를 보여주어도 괜찮은 시에서 우리는 "각자의 밤을 들고서" "조금도 멀어지지 않"은(「밤」) 마음으로 만날 수 있을 것이다. 흔들리면서 연결되는 낯선 절단면들 사이에서 우리 계속 마주치기를.

아침달 시집 52
다른 명찰을 보여주는 관계자

1판 1쇄 펴냄 2025년 8월 29일

지은이 강이현
큐레이터 정한아, 박소란
편집 이기리, 서윤후, 정채영
디자인 김정현, 정유경, 한유미

펴낸곳 아침달
펴낸이 손문경
출판등록 제2013-000289호
주소 04029 서울시 마포구 양화로7길 83, 5층
전화 02-3446-5238
전자우편 achimdalbooks@gmail.com

© 강이현, 2025.
ISBN 979-11-94324-52-2 03810

값 12,000원

이 도서의 판권은 지은이와 출판사 아침달에게 있습니다.
양측의 서면 동의 없이 책 내용의 전부 혹은 일부의 재사용을 금합니다.